100个工作基本

はたらくきほん100
毎日がスタートアップ

Matsuura Yataro
·
Nojiri Tetsuya

［日］松浦弥太郎　野尻哲也——著
张逸雯——译

中信出版集团 | 北京

目录

100个工作基本

是以商业作为自身的工作，还是把工作看成一种商业行为，两者之间有着巨大的差异。

商业以利益为重，而工作，则是为有需要的人提供帮助。

如果是你，会选择哪一种呢?

我会选择把工作看成一种商业行为。因为我认为，为他人提供所需更重要。为此，功夫与提案、努力与学习、责任与承诺以及挑战，这些都是我每天不断重复面对的课题。

老实说，这样的日日夜夜充斥着各种挫败。因自身能力所限而无法让事情按所想的方向推进，也是家常便饭。

但我倾向于认为，无论是挫败还是无法按所想推进的事情，本身就隐含着巨大的价值，它们正是自身进一步成长的良机。

在“把工作看成商业”的情况下，那些不经意间意识到的问题、感到痛惜的教训、从头来过的体验、学到的经验、确认的道理——也就是可称之为“基本”的原则，数不胜数。

某天，我和我在“美味健康”公司的搭档野尻哲也针对这些“基本”深入而彻底地聊了一番。

在工作中遇到烦恼、停滞不前、感到无助时，我们是如何踏出新的一步、继续前行的？面对无数次的失败与挫折，又是如何咬牙渡过难关、跨越障碍的？

这些答案最终作为一个个“基本”，并被分成“工作基本”与“领导基本”，整理在这本书里。

“成功的反面不是失败，而是什么也不做。”这句话我尤为喜欢。那么，究竟应该如何去做？我相信这本书里所呈现的“基本”，能带给你启示和力量。

对于捧读这本书的每一位读者，若本书能给你每日的工作带来哪怕些许的助力，我都会感到非常高兴。

松浦弥太郎

勇敢比优秀更可贵。

001

4 5

没有比让自己时刻保持优秀更让人感到辛苦的了。从今天起，放弃对优秀的执念吧。与其执着于优秀，不妨让自己拥有不逃避任何事情的勇敢。不惧失败，果断地推进工作，让自己尽快成为那个敢于面对一切的勇者。（松浦）

变化即进化。

002

6　7

今天比昨天更好、明天又比今天更进一步，如此每天更新自己。自己的思考、姿态、做事方法不断发生变化是件好事，不需要担心。这样的变化正是成长本身，也和自己的进化紧密联系。如此这般，你将会日新月异。为此，不妨接受更多的变化，享受改变的过程吧。（松浦）

永远把『喜欢』
作为理由。

003

因为无法忍受厌烦的心情而换工作，那在新的岗位上一定也会经历同样的状况。虽然把厌倦现有环境本身作为换工作的动机并非不可取，但寻找新的天地时，请一定带着向上的心态。在找到能拓展自身可能性的工作之前，耐心等待吧。无论何时，在要改变事业方向时，永远把“喜欢”作为理由。（野尻）

重启，再开始。

004

到了新的环境，不妨把迄今为止的成功经历、根深蒂固的想法，暂且全都抛开。所谓经验，有时候是让双手腾不出空暇的负担。若不能轻装上阵，就无法接纳新的想法。事实上，过去的标准在新的环境里往往帮不上忙。让自己重启，再开始吧。（野尻）

未来有回报即可。

005

一旦找到想做的事情，就毫不犹豫地投身进去吧。不要太在意薪水。找到自己哪怕降低生活水准也想做的事情，就是靠近梦想的证明。若把眼前的地位和待遇置于优先考虑，就会发现不得不做很多妥协。这诚然也是一种活法，却在实现梦想的道路上绕了远路。若要追寻梦想，比起当下能否得到回报，请选择未来终有回报的那条道路吧。（野尻）

乐观的人更强大。

006

人生在世，真的会遭遇各种各样的困境。请不要把它们想成只针对自己。它们可能发生在任何人身上。事情的好坏，完全取决于你怎么看待它。事业有成的人，并非学历、人脉有多优越，而是拥有以乐观的心态面对任何遭遇的能力。（野尻）

只身投入。

“往那个方向走走吧”“这件事做做看吧”——想要尝试新事物时，不要在意周围嘲笑和批评的声音，打起精神，试着只身投入其中。无论何时，敢于跟随自己的好奇心和兴趣所指的方向行动、勇于接受挑战，都会为你带来好运。正因为只身一人，才能与真正有缘的人、事、物相遇，也能构筑真正有意义的人际关系。不要惧怕孤独。孤独与孤立相差万里。（松浦）

比别人早一步
洞察先机。

008

好好观察这个世界，摸清当今的形势和潮流，这一点很重要。持续关注，与此同时，做那个率先洞察先机的人。发现人们未来可能会产生的困扰、渴求之物，以及期望发生的事情。在持续的观察里，隐含着助人幸福的关键。（松浦）

了解最前沿的事物。

对于新的服务、商品、人气店铺或其他流行事物，暂且不论是否有必要将它们融入自己的生活，先抛开先入之见，积极地尝试接触，这一点很重要。尽可能避免由于自己的信息落后而导致的遗憾吧。拥有的选项越多，对你在工作上下判断、做决定就越有利。（松浦）

保持对目标的热情。

010

对于眼前的目标保持热情很重要。而能否做到这一点，关键在于你能否想象到目标最终达成后会牵涉到的人。你会给什么样的人带去怎样的欢乐，又希望他们如何去接受？尽可能具体而深入地思考、理解他人，要敢于一次次推翻，重新思考。思考的深入，正代表热情本身。（松浦）

与其惴惴不安，
不如心怀感激。

011

面对新的挑战，不免会因为不确定性而坐立不安。但是没必要惧怕它。能做自己想做的事，难道不是已经被命运眷顾了吗？你踏出那一步，就是大幸。别再为能不能顺利进行而担心了。越是在不安的时候，越应该对挑战心怀感激。（野尻）

在人生最后五分钟，做想做之事。

012

比起自己“想做的事情”，你是否在他人“希望你做的事情”上埋葬了人生的大部分时间？在工作上，不可以把时间看成是无期限的。如果人生中可以工作的时间只剩下最后五分钟，该怎么办？这时候自己想做的事情，就是真正该优先考虑的工作。（野尻）

待目标明确，
再考虑取舍。

0 1 3

当你明白自己想做的是什么，就会渐渐看清什么是不需要的。反之，在目的尚不明确时，不必急着挑选、取舍。哪怕效率低下、绕了远路也没关系。不带成见地去多接触世界吧。直到目标明确了，不需要的东西就能顺其自然地舍弃。（野尻）

以感动为基石。

014

无论什么样的工作，洞见其背后潜藏的感动很重要。因为感动才是能与大部分人产生共鸣的东西。缺乏感动力的事物也不能打动他人。感动越多，与他人产生的共鸣就越强烈，这正是成功坚固的基石。（松浦）

不寻求赞赏。

015

向他人寻求赞赏，正是自身的愿景尚且薄弱的证明。因为没有自己的目标，才要依靠他人的表扬来助跑。而拥有明确愿景的人，不论被表扬还是恭维，都不会沾沾自喜。即便取得了些许成就，他也很清楚自己还“在路上”。一个人的格局越大，越不需要他人的赞赏。（野尻）

升职是期许你成长。

016

升职和加薪，并不是对你过去成就的赞美，而是对你拥有的潜力的期许："未来你还能更上一层楼。"地位一旦提升，机会和压力也相应增加。不要满足于现有的评价，为了让自己的潜力得到进一步发挥，应不断接受新的挑战。（野尻）

收好自尊。

017

36　37

自尊固然重要，却绝不是该表露在外的东西。遇到自己做不到、不知道、不明白的事情，永远应保持谦虚的姿态。而自尊心往往妨碍我们低头向他人请教，实为惋惜。太执着于维护自尊，不免会伪饰自己，缺乏坦诚，导致自己被孤立，请务必提防。（松浦）

越是艰难时刻，
越要学会收力。

018

发生变故、出现问题时，我们往往会因为慌张、着急解决而用力过猛。但越是在这样艰难的时刻，越需要我们保持冷静，注意收力。只有放松下来，无论心情还是头脑，才能有留白般的余裕，让我们认清该怎么应对。遭遇变故时，首先要做的是收力和放松。（松浦）

以优雅之态收尾。

当我们开始做一件事时，往往干劲十足，会关照每一个细节，但到了收尾的时候，则容易松懈下来，草草了事。也许是因为，结束的时刻总让人松一口气吧。长时间用笔书写后，你会将笔怎么放置？搁笔的姿势，正是你自身素质的体现。无论何时，都请注意优雅收尾。（松浦）

低调出众。

020

工作中，我们常常会为了被他人认可、愉悦他人而渴望表现得与众不同。但请不要忘记，应该受人瞩目的不是你，而是你手上的工作。悄无声息、沉心静气地做事，让工作的成果而不是你自己得到他人关注。自身保持低调，才是明智的做法。（松浦）

一生的事业，
请慢慢寻找。

021

能在二十几岁的年纪就找到“一生的事业”的人，少之又少。更多的人在年轻时，盲目地学习，经历挫败，过了三十岁，才渐渐找到自己的方向。三十至四十岁之间，是一个成年人试错的阶段：在认真对待眼下工作的同时，始终不忘寻找自己的理想和价值所在。由此，想必进入不惑之年后，终能寻得可奉献一生的事业吧。即便到了五十岁才找到，也为时不晚。为了与可奉献一生的事业相遇而苦苦寻觅，本就值得我们花费时间。不急不躁，从容稳健地找寻吧。（野尻）

保持孩童般的视角。

022

无论多微不足道的事情，都能为此惊喜。对于理所当然的事情，反而抱有疑问。伟大的发现，往往出自孩童般纯真的心地。孩童不具备知识，因而不存先入之见。孩童亦不懂计算，因而不会考虑事物的边界。孩童是无所畏惧的，面对风险也很勇敢。若能像孩童那样思考，一定会拥有强有力的武器吧。（野尻）

勇于尝试。

023

对于突然来的想法，不必顾虑重重，勇敢地付诸实践吧。唯有尝试过，经历才能转变为经验和智慧。工作的妙趣，就在于对新事物的尝试。什么都不敢尝试，就没有未来。(松浦)

兼有平凡的主题和不凡的理念。

024

平凡得能让任何人都倍感亲切的提案，非常重要。因为人只会对自己熟悉的事物抱有兴趣。但是，若理念也一样平凡，缺少新意，也不会让人感到有趣。理想的情况是，兼有平凡的主题和不凡的理念。外观虽然很熟悉亲切，内在却充满了新的想法，请努力做到这一点吧。（松浦）

独创性正是价值所在。

0 2 5

作为感动之源，把你的创意和设想分享给众人。听取意见固然重要，但若因此削减了独创性与有锐度的意见，则不可取。人们常常倾向于排斥带来违和感、噪声，以及不容易理解的事物。而所谓魅力，来自正常与“非常”的并存，因此请记住，去掉了非常，就丧失了魅力。独创性意味着异端，也是魅力的种子。（松浦）

书写即思考。

026

请将纸笔常备身边，随时记录突发的奇想和灵感吧。书写的行为本身也意味着对写下内容的思考。审视跃然纸上的文字并再一次内化，用心思考。这样才能让琐碎的思考化为经验镌刻在记忆里，并能被随时唤醒，成为孕育新的灵感和创意的种子。（松浦）

探究实现创意的方法。

创意唯有在实际成形时才开始彰显价值。实现一个创意和酝酿它一样困难，也同样具有价值。在学习他人的创意时，不要仅仅关注它是怎么来的，请同时思考它是如何实现的。（野尻）

凡事认真。

028

人一旦对一件事认真投入起来，吃饭睡觉的时间脑子都会围绕着它转。学习的效率也会飞升，眼前所见的一切都能化为某种提示。无论在什么样的状况下，只要能认真投入，那么一旦机会降临，一定能毫不犹豫地接受挑战。忘我地将时间和精力倾注在一件事情上，这份认真专注已然等同于成功本身。面对现在的工作，你是认真的吗？（野尻）

不忽视细微末节。

029

对世界上各个角落发生的事情都抱持关心，这一点很重要。与自身直接相关的领域自不用说，而对于如枝蔓般延展的关联信息，也尽可能去熟悉吧。最后，对枝蔓末端叶脉般细微的信息，也不妨作为一种乐趣收集起来。对任何事情都报以好奇的眼光，你的包容度也会越来越高。将这些信息收进自己的抽屉里，不时取出来，深挖一下它们吸引人的原因吧。（松浦）

假设永不嫌多。

030

在采取行动时，对于可能出现的局面，养成事先假设情境的习惯吧。情境当然不止一个，而是越多越好，因为思考得越周密，内心越安稳。为了在事态朝意想不到的方向发展或是遭遇措手不及时，能马上找到应对方法，平日里就要做充分的准备。(松浦)

发明让大家更幸福的方法。

031

带着关怀去体察他人的困惑和烦恼，并对此深入思考，相信你一定会得出迄今为止无人尝试过的新方法。将哪怕是微不足道但属于你的设想与众人分享，解决眼前的问题吧。所谓发明，并非只限于创造新事物，酝酿出新的方法也是了不起的发明，只要它能让大家变得更幸福。去发明这样的方法吧。（松浦）

麻烦的事情中
沉睡着珍宝。

0 3 2

在我们每天的生活中，麻烦的事情数不胜数。但正因为麻烦，其中才会蕴藏众多有益的提示。对于他人嫌弃的麻烦事，请抱着好奇心仔细观察，好好挖掘一番。用心对待那些没人愿意做的事情吧，你一定能从中发现珍宝。切勿因为嫌麻烦而拒绝了潜藏的可能性。（松浦）

创造拥有笑容的产品和服务。

0 3 3

所谓工作，需要保持“让他人幸福”的信念。去创造让客户在实际接触和使用中，能感受到笑容的产品和服务吧。哪怕客户审视到边边角角、触碰隐藏的细节后，也能为之展露笑容的产品和服务，绝不简单。但是，若你能够坚持，就一定能把“让他人幸福”的这份信念落到实处。(松浦)

试着从各种视角思考。

034

不管男女老少，客户、老板、上司、部下等，若自己能随时换位思考，不是很好吗？若是高龄的老人，会怎么去想？从客户的角度，会怎么看待？站在老板的立场，会如何思考？上司和部下的立场又会如何？——除了自身的视角之外，试着从其他各种视角去看待、感受、思考事物，你就能渐渐看清工作的价值，以及需要重视的是什么。（松浦）

想法是用来交流的。

035

产生新的想法时，不妨与他人交流一番。一个人、两个人，最后和整个团队都聊聊你的新想法吧。问问对方“你觉得怎么样”，接受意见和批评是很重要的。自认为已经很棒的想法，可能会因交流而找到有待修正的不足之处，这说不定也是完善它的好机会。在与他人交流未成形的想法时，往往能收获实现它的关键信息。（松浦）

成为别人心中
理想的存在。

036

理想的公司、理想的上司、理想的客户——当我们期望他人按自身的想法行事，有时反而会徒增压力，无法让事情顺利推进。其实应该追求的，是理想的自己。不妨去体察对方的立场和心态，思考如何成为于对方而言理想的存在吧。（野尻）

把自我利益
抛在一边。

037

作为社会中人，保持谦虚恭敬的姿态理所当然。这是给人好感的一种礼貌，仅此而已。而若要让对方愿意把重要的事托付于你，更要紧的是保持超越谦虚的奉献姿态。不紧盯自身的利益，不以自我为中心，时刻为对方着想，并以此行动。如此，你会被越来越多的人信任和爱戴。（野尻）

不要忘记保持幽默。

038

紧张的时候，不妨试着微笑。严峻的时刻，也别放弃在辛苦难耐中展露笑颜。越是在艰难的时刻，幽默的品格越能帮到自己。良好的幽默感犹如黑暗中打亮的一束光。幽默即趣味。记得最后检查你的想法：“它是有趣的吗？”这一点在我看来尤为重要。（松浦）

谁都喜欢快乐的人。

虽然并不能断言“沉闷的人不招人喜欢”，但快乐的人无疑会受到所有人的喜爱。做一个能让每一个与你相遇的人都感到愉悦的人，做一个能自得其乐的人。这样的人才能聚集人气。（野尻）

说过的话
如泼出去的水。

040

自己说过的话忘得快，别人对自己说的话却不容易忘记，人就是这样的生物。发生过的言行无法撤销，请从平日就多留意自己的措辞。相反，不管别人朝你扔来多难听的话，他都很快就会忘记。如果发现自己因此受伤，在心里悄悄把这件事抹去吧。（野尻）

对闻所未闻的事
报以兴趣。

041

遇到闻所未闻的事情，就努力去了解吧。对于和自己想法、衣着品位、兴趣，以及生活方式不同的人，请不要把他们想成“与自己毫无关系的人”。相反，正因为与自己截然不同，才要对他们充满好奇。对于你没听说过却有很多人在热议的话题，请试着去了解吧。成为追逐潮流之人，或许是一件很棒的事。（松浦）

珍惜每一段缘分。

042

缘，有时妙不可言。比如偶然的相识，最终竟成为双方联手协作重要项目的契机。若在相识之初就互相尊重、珍惜缘分，那么经过一些时间，当初的缘分必然会开花结果，有所回报。反之，若企图为自己的利益而利用对方，缘分会被瞬间切断。越是这样自私的人，越喜欢广结人脉。认识的人虽然不断增多，却不能开花结果。与其无谓地增加缘分，请先学会珍惜吧。（野尻）

总以『初次见面』的姿态示人。

043

每一天，请都让自己保持新鲜感。想要让工作有价值和意义，常葆初心是基本的姿态。无论面对谁，若都能以“今天是初次见面”的心境面对，你们之间的关系也能保持鲜度。既然是“初次见面”，请时刻留意要为对方展示新的价值。常以“初次见面”的姿态示人，想必你身边的人也会对和你见面充满期待吧。（松浦）

找一件事情，
和大家一同完成。

044

若感到团队人心不齐，就联合大家共同完成一件工作吧。哪怕是很简单的任务也没关系，比如大扫除或是一起做一桌美食。简单得谁都能参与的事，正适合与大家一同完成。只有共同协作，才能切实地唤醒大家的团队归属感。（野尻）

发自内心地
对同事保持兴趣。

045

对团队的每一位成员，都请发自内心地保持兴趣。“我一直在认真地关注你呢！”请以这样的姿态面对你的伙伴。共事本就是一种缘分。请超越喜欢与否、性格合与不合的层面，彼此缔造一种更深刻的“牵绊”，让对方感受到自己被需要吧。(松浦)

与伙伴一起提升。

046

想要不断提升自己的心境，固然很重要。与此同时，也请将与身边的人一起提升作为目标吧。若提升自己只是为了把别人比下去，则不可取。因为这样的心态会让你渐渐失去伙伴，陷入孤立无援的境地。所谓成长，应该是与身边的伙伴共同进行的。（野尻）

在成长的路上
互相助力。

047

发现共事伙伴身上的某个优点，然后请抱着支持的心态，帮助对方在这方面变得更好吧。“他在这方面很厉害”“她在那方面很优秀”，一旦产生类似这样的想法，请进一步启迪对方，替对方找到能成为养分的提示吧。所谓养分，有时可能是一本书，有时可能是一个人。一旦发现可能有帮助的养分，马上告诉对方吧。如此，伙伴之间互相巩固彼此的长板，就等于整个团队在一起成长。（松浦）

与其批评，
不如给出方法。

048

无论什么时候，大家想听的永远不是批评或批判，而是解决问题的“更好方法”。与其不分青红皂白地一味否定，不如在肯定现状的基础上，寻找并提出能带来改善的建议。事物永远存在好坏两面。请关注其中好的一面，养成积极向前看的思考习惯。（野尻）

主动理解对方。

049

我们总是希望自己被他人理解。然而这种心态一旦过剩，很容易在言行举止上表现得事事以自我为中心。被他人理解的心愿越强烈，越容易适得其反，使别人远离你。在期望被他人理解之前，请首先主动去理解对方。如此一来，相信对方也会带着敬意来理解你。（野尻）

不过分介入。

050

工作越认真勤奋，越能和他人和睦相处。与共事的伙伴关系更亲近，也能与合作方和客户相处得更融洽。但是，工作上的亲近与朋友间的亲密是两回事。工作中的交往，不过分介入是基本原则。请互相尊重各自的隐私吧。（松浦）

重要的事，
轻柔地说。

051

作为成年人，请学会灵活运用自己的声音。是在众人面前的发言，还是一对一的对话，不同的情景下，你的声音也应该有所区分。音量、语速、节奏的强弱——声音一旦改变，传递方式也会相应变化。对于重要的事情，请轻柔地、娓娓地道来。在众人面前发言时，则让你的声音明快、嘹亮、有节奏。把自己看作一种传播的媒介，练习你的表达，也不失为一种良策。（松浦）

寻找语言
最恰当的温度。

0 5 2

在不同时间场合运用最适宜的表达方式。温暖的话语、舒心的回应——语言“恰到好处的温度”能让彼此互通心意。请用你的感知力去记住语言最适宜的温度。出现问题时，一味殷勤地道歉反而会把关系搞僵。轻慢的态度永远不会产生深刻的联结。无论交谈还是邮件，你的措辞就代表了你自己。请用心表达，用心掌握。（松浦）

不能只图自己方便。

053

所谓工作，是为让自己对这个社会有所帮助而存在的。工作的本质就是帮助他人。因此，如果做事只围绕自身需求，只图自己方便，未免叫人遗憾。请不要忘记，应该愉悦的对象不是你自己，而是你的客户，或者说你所面对的社会众人。忙碌的时候，我们往往容易在不经意间忘记他人的存在而自顾前行。因此，请记得时不时驻足留步，检视自身。（松浦）

不吝啬惊喜。

054

赠品和礼物，总是叫人愉快的。谁都会对此不由自主地展露笑容。请在工作中留有给对方准备赠品和礼物的意识。这意味着，在回应对方的期许之外，还要附上惊喜。举例来说，比对方给的期限提早完成任务，或是给出多于对方要求的提案数量，都不失为一种方式。对方越高兴，你事业的道路越宽广。（松浦）

尊重人性。

0 5 5

人生而不同，每个人的个性、品性也相异。我们各自都有坚强和柔弱的部分，也兼具清新爽朗和难相处的一面。但正因如此，才成就了人这种可爱又可怜的生物，不是吗？请不要被喜欢和讨厌左右，也不要以和自己相似或不同来区别对待他人。只要尊重人性，与人相处的困扰就会自然消失。（松浦）

过分期待
是自负的表现。

056

对他人表现出焦躁的情绪，往往是因为对方没有回应你的期待。但是，或许抱有过多的期待，才是问题所在。过分的期待，是一种依赖对方的表现。“一点儿都不给力”“根本不懂我”——若抱有这样的不满，请先反省你的自负，而非埋怨对方。(野尻)

以宽容接纳不讲理。

057

思来想去，自己都没有问题，但明明错在对方，却依然要承受没道理的要求和怒火，这样的事情在工作中时有发生。越是遇到这样的情况，再不情愿也请以宽容相待。殊不知，在对方内心深处其实也藏着一丝内疚。暂且抛开个人主张，礼让于人吧。这样做也能让对方冷静下来，生出谦退之情。（野尻）

出错和背叛，
都是在所难免。

058

人无完人，因此出错在所难免。甚至有时候，我们可能还会被亲如手足的人背叛。这种时候，请理解对方的状况和难处，若对方还很年轻，就当作不成熟的表现，原谅对方吧。一味生气，穷追不舍地责问，并不能解决任何问题。（松浦）

爱很重要，
但请小心。

059

无论对人还是对工作，我们都抱持着不同的爱意。但爱得越深，怀疑、不安、嫉妒等负面情绪越容易交织混杂，让爱变形。爱意当然非常重要，但请铭记，爱有时也会让事态朝无法回头的方向发展。爱的威力，有时也可能是杀伤力，请小心这一点。（松浦）

倾心，但不倾尽。

0 6 0

即便很爱、很珍惜你的工作，也请避免倾尽一切的工作方式。因为不仅限于工作，“倾尽一切”的行为，本质上意味着对另一方的依赖。距离太近，会破坏关系的平衡。因此，即便心系工作，也请注意不要倾尽心力。不能因过分忘我地投入，让自己丧失了冷静和客观的判断力。（松浦）

看似离谱而又麻烦的事，自有其价值。

061

举例来说，“把世界上所有的街景都拍下来，做成一张地图”，这样离谱又麻烦的事，没有人会愿意去做。但正因如此，若你能完成，就能独享其价值。在试图实现一个设想时，你是否总在考虑捷径？能轻而易举完成的事情，很快就会被他人模仿。不妨去寻找那些没人愿意模仿的麻烦事吧。（野尻）

工作的结果八成由初期决定。

062

对于任何一项工作，起跑的势头都非常关键。若能在初期大举推进，之后哪怕遭遇意想不到的状况，也能留出应对处理的时间。既然已经在期限内完成了工作，就在剩下允许的时间里，精进工作的质量吧。若一开始就缺乏紧张感，往往最后会狼狈地被时间追着跑，导致不得不靠牺牲质量来赶工。一项工作能否顺利进行，八成在初期就决定了。（野尻）

从工作之外得来的感动中学习。

063

住最好的酒店，享用极致的料理，观赏电影名作——被千万人赞赏、拥护的服务和娱乐，必然具备了能感动众人的要素。不妨积极接触这样的事物，让自己彻底感动一番吧。并且，请把在自身的工作中也能为他人提供这样的感动，作为你的目标。(野尻)

学会独立思考。

064

无论是作为公司一员，还是从属于某个组织，都请学会独立思考。与团队保持相同的步调固然重要，但与此同时，请不要忘记自身作为“个体”的成长。正因为你具备“个体”的思考、意见、姿态，才能和团队、和公司一起成长。（松浦）

通过与人交流，
梳理思路。

065

脑中一团乱麻、思路不清晰的时候，不妨先和别人聊聊。哪怕还不成体系，没头没尾，也别不好意思，勇敢地表达。几次下来，你就能切实地看到对方对哪个部分感兴趣，又对哪个部分不理解。通过不断向人诉说，你的思路会更清晰，表达也能更准确。(野尻)

万事靠准备。

066

面对重要的演讲与展示，再怎么花精力准备都不过分。所有可能被提问的地方，都细想一遍该如何回应。通过细致入微的模拟演练，让自己做好周密的准备。不经任何准备就能出口成章的人，少之又少。大家都在背后下足了功夫。准备越周密，越能运用好自己的语言。（野尻）

信息是自信的燃料。

067

“开会太浪费时间了”“没兴趣做陈述”“见不认识的人太麻烦了”，你是否也有过这样的想法？如果对自己需要阐述的话题掌握的信息不足，谁都会产生这样的负面情绪。信息是自信的燃料。在平日里花时间和精力去搜集信息，那么无论被委任什么样的工作，你都能胜任。而信息不足，会影响你的自信。不要忽视两者的关系。（松浦）

设立增强自信的仪式。

面临重要的会议、演讲等挑战时，为了不让自己焦虑不安，不妨设置一个增强自信的仪式。比如整理仪容、保持衣冠清爽或者理发。拥有一件在重要时刻才会穿的西服，也未尝不可。关键是找到适合你的方式。在仪式的最后，别忘了轻声对自己说："一定没问题。"（松浦）

陈述不是唱独角戏，
也需要理解对方。

发表陈述时，无论自己多么努力表达，对方能真正听进去的往往只有一半。一味地向另一方灌输你的观点，不可能增进彼此的理解。对方想知道什么？能对我说的内容产生共鸣吗？在陈述的过程中，请不要忘记适时让对方开口。一场高效的陈述，并不在于你表达了多少自己的观点，而在于你是否保持着理解对方想法的姿态。（野尻）

描绘打动人心的图景。

070

为了让谈判或交涉取得成功，只关注利害得失，抑或只讲道理，都是不够的。要知道对方可能经常收到“听上去很美好”的合作方案。因此才要诉诸内心。什么样的信息能真正打动对方？什么样的话题能深入对方的内心？怎样为对方描绘美满结局？谈判的秘诀，在于摸索对方的心意，描绘打动人心的图景。（野尻）

不止于理论。

071

无论蓝图构想得多好，若不去执行只是纸上谈兵。工作上，请不要满足于逻辑严密的论述。所有蓝图的构建，本质上都是为了让以此为基准的行动能有所创造。去做一个把理论转化为行动的高手吧。（松浦）

建立属于自己的思维框架。

072

框架的特点，就在于“将事物单纯化”的思维方式。因而教科书式的标准框架，往往并不能完全符合自身的情况。随意引用他人的框架，等于放弃了自己的思考。直面自身的问题，建立属于自己的框架，很有价值。（野尻）

不企求一帆风顺。

073

不费力气就能持续出成果，该有多聪明。只可惜，这样的好事在现实中几乎不存在。所以，请绝对不要有“能一帆风顺”的念头。追求潇洒，往往容易怠慢必要的努力。任何工作，背后都离不开无数单调甚至枯燥的努力。即便这次成功来得轻而易举，也请把它看作一次偶然的运气吧。因为工作的本质，就是“好事多磨”。（野尻）

问题不隔夜，
当下就解决。

074

遇到问题先搁置，留待之后解决，以“推进工作为先”，到头来往往会发现问题始终在那里。对眼前的问题置之不理，等到好不容易完成时，又觉得哪里碍眼，这样的场面在你身上发生过吗？不是很严重的问题，往往容易被我们搁置，以致问题永远地留在了自己的作品里。请不要抱有“之后解决”的心态，这一刻就把问题处理干净。（野尻）

把『有趣』化为具体话语。

075

一旦发现有意思的事物，不能只在心里感叹“真厉害”。请把对“为什么会这么有意思”的思考落实到语言上，练习用语言表达自己的想法。与别人交流自己对一件有意思的事物的看法，也有助于加深你对它的理解。在单纯觉得“有趣”的想法基础上再往前迈一步，加上自己对于事物的理解和诠释，这份趣味也定能被深化。“有趣”也会成为成功的种子。（松浦）

创造一位粉丝。

076

就运营这件事而言，并无必要说服每一位客户，只要能让其中一个人成为你忠实的粉丝就足够了，他会在上司或朋友面前帮你营销。由此，你的人气会在你不知道的地方不断扩张。这就是运营的最高境界。（野尻）

成为让对方
『还想见』的人。

077

能否让对方“还想见”，决定了你的工作能否顺利开展。成为一个让人“一见难忘”的人。虽这么说，也并不需要去做什么非比寻常的事。正直、亲切、耐心、守信，做好这些基本的事情就足矣。在此之上，带着“我能给予对方什么”的意识接触他人，那对方一定会对你产生“还想见”的想法。（松浦）

切勿疏漏『回顾』。

078

无论从事什么工作，都请把“推进”和“回顾”看作两项配套的任务。记得时不时驻足回顾，去确认“这样真的没问题”。这就是保障高质量工作的秘诀。目标的方向有没有发生偏差？有没有疏漏和做得不够好的地方？是否冷落了一起共事的伙伴？方方面面的细节，请务必记得回顾。（松浦）

压力，来自不自信。

079

事情进展不顺、遇到问题时，我们往往会焦虑、烦躁。这种时候，精神上的压力往往来自缺乏自信。“无论发生什么事都没关系。我一定能克服。”如果能这么想，心里也会放松、舒畅不少吧。越是艰难的时候，越要相信自己。（野尻）

发现自己的能力，
大方展现。

080

工作分两种，一种是别人交给你的，另一种则是你自己创造的。无论哪一种，但凡发现“只有自己做才能顺利推进”的部分，就不要让给别人。在“自己做更顺利”的事情中，不妨利用好你的贪欲。请别错过能让自己对社会有用的机会。（松浦）

清楚说明，再三确认。

081

对一起共事的伙伴阐述自己想做的事情、解释自己希望如何推进时，请用通俗易懂的语言说明；向客户解释产品能解决什么困扰、带来什么帮助时，请亲切地说明。不要想当然地认为解释一遍对方就能明白，而是带着一种哪怕对方已经明白，保险起见也要多次确认的姿态。在向对方说明的时候，请多体谅对方。（松浦）

任何人的一天都只有二十四小时。

082

无论多么功成名就的人，一天也只有 24 小时，他并不比我们拥有更多时间，这一点众生平等。哪怕各自天赋、命运不同，时间对每个人也都是公平的。这意味着取得成就的人，往往更善于利用自己的时间。请认真地思考在有限的时间里，如何更高效地前行吧。与才能、运气不同，对时间的使用方法掌握在我们自己手里，因而是可以改善的。（野尻）

面对艰巨的任务，
请试着分解。

083

碰到艰巨的任务，举手投降总不是办法。不妨把任务分解再分解，直到分无可分。觉得面对的工作困难而无从下手，往往是因为困难的体量超出了你自身的容量。因此才要掰开揉碎，直到自己能够容纳、吸收为止。一旦把任务细分，一定会出现马上能上手的工作。一点一点完成那些能胜任的工作吧。哪怕仍有棘手的工作被留在了最后，你一点一滴积累出的成果也已经摆在眼前。（野尻）

不独揽。

084

“万事最好都能自己来”，这是拼命三郎们的恶习。责任感确实无可挑剔，但同时也是造成工作推进缓慢，甚至质量低下的原因。停滞不前时，就去找人商量；忙不过来的时候，就把任务分给伙伴。无法独自胜任并不是什么丢脸的事。万事自己面对，反而提高了风险。向伙伴寻求帮助，是团队协作时的一种礼貌。（野尻）

让钱自动跟着你。

085

追着钱工作，这工作一定会走进死胡同。反之，暂时把钱的事忘了，纯粹为做出有意义的工作而努力，那么你会发现，钱会神奇地跑来找你。请找到被钱喜欢的工作方式，并以此为基准。为寻梦而认真工作的人，金钱绝不会对其置之不理。（松浦）

读懂瞬息万变的世间价值。

086

世间的价值不断变化。能否尽早地察觉到变化的苗头、正确解读其走向，并且更重要的是，能否在变化的价值中找到商业机会，这取决于平时对社会整体是否有细致观察，并以自己的分析去理解社会上正在发生的事。要明白，哪怕是看上去微不足道的小事，也都和今天的局面有所关联，且变化持续不断。（松浦）

比传达更重要的是引导。

087

让对方按自己的意愿行动，谈何容易。直接表达希望对方怎么做，往往会让另一方产生受指示的被动感。若对方是上级，或者还未与你建立足够深的信任关系，更是不可取的。这种时候，在传达你的意图之前，请先引导对方说出自己的想法吧。若能先尊重对方的意愿，你的意图也会被对方理解。（野尻）

自信要靠自我管理。

088

自信不是别人能带给你的，而是依靠自己播种、照料、培育才能使其成长。在每一个小小挑战上取得的成功，都会成为你自信的种子。好好培育它们吧！如果遭遇挫败，眼见自信的芽苗即将枯败，记得用心补水，让其恢复生机。请记住，自信不是别人给你的，而是靠自己管理。(松浦)

心思会表露在脸上和话语间。

你的情绪和心思表现在脸上，流露在话语间，无论怎么隐藏、掩饰和留心，都无济于事。哪怕只是一瞬的不悦，也一定会写在脸上；平时有愧于人的心态，也会从你说话的态度和语气上显露出来。不管面对谁，希望你都能随时整理好自己，以爽朗的姿态对应。（野尻）

不被无聊的事
支配人生。

0 9 0

182　183

时间不够、没钱、跟这个人合不来——这些不经意间流露出的小抱怨，真的无关紧要吗？当你抱怨无聊时，只会让坏情绪恶性循环，朝加倍无聊的方向演变。而大体上的不满，其实并非来自能左右我们人生的重大事情，至多不过是自己单方面产生的负面情绪。这种负面情绪才是真正无聊的，没必要让其支配你的人生。（野尻）

问题随立场转变。

问题的大小、轻重，总是会因人和立场的不同而产生相异的看待方式。对自身而言的重大问题，可能对他人而言根本不值得一提。问题本质上都是主观的。因此，请留意不要把自己对问题的看法强压于人。察觉到问题时，不妨先试着转变角度，从不同的立场思考一番。（野尻）

和比自己优秀的人同行。

092

比自己优秀，也就意味着对方和自己拥有对事物不同的思考和看法。有时候，对方甚至会否定你的做事方式。能否坦然地接受是一种能力，取决于你的度量和心胸。刚愎自用的人，身边永远无法召集到优秀的人。因此，哪怕与自己意见相左，也请真诚地听取，坦然接受。唯有身边优秀的伙伴越来越多，你才能去完成无法独自胜任的大项目。（野尻）

不把不安转嫁给别人。

093

不管发生什么事，你若感到不安，找人商谈即可。但即便如此也请不要忘记，最终能消解你的不安情绪的，唯有你自己。不能把不安转嫁给对方，或寄希望于对方会为你做点什么，因为行动的那个人只能是你自己。（野尻）

努力与诚意不是为了回报。

094

明明很努力了，仍然得不到认可，这种想法只会让自己受苦。努力也好诚意也罢，并不是为了收获他人的感谢和赞美，而应当是单纯地为自身的成长以及为帮助他人所做的付出。（野尻）

在对自己的投资上不计较成本。

095

想要学点新东西、获取新的经验时，稍稍逞强也无妨。虽无必要穷奢极侈，但不吝啬成本很重要。在投入金额上给自己设限，也就限制了各种可能性。经过深思熟虑后，最终果断地下定决心投资自己。这样的投资，到头来一定会加倍地回报于你。（松浦）

保持健康
也是你的工作。

096

对新项目忘我投入时，往往会不分昼夜，甚至 24 小时全在思考工作的事，也并不鲜见。但越是辛苦，越不能忽视健康管理。身体状态不好，必然会影响工作的质量。保持健康，应当是你最重要的，而且是摆在首位的工作。（松浦）

享用美食。

享用美食的那一刻，身心都会被美味感动。这份感动，会投射到你的工作和生活中。在简单又速成的食物随手可得的时代，即便忙碌也要选择用心做出的美味。虽然这样做本身就是件耗费精力的事，但无论是自己动手做，还是腾出时间去外面用餐都无妨，让自己被美味感动一番吧。请享用能让心灵愉悦的美味，而非单纯为了果腹而做的食物。（松浦）

拥有能让你专注的场所。

098

在家和办公室之外，找到一个能让你专注的场所吧。公园的长椅、心仪的咖啡馆等，能让自己放松的场所也因人而异。即便是艰难、焦虑的时刻，那个地方也能让你专注。拥有一个属于自己的“避难所”，是一件叫人安心的事。在感到彷徨的时候，去那里休息片刻，重振自己，也是不错的选择。（松浦）

正因为软弱，
才得以成长。

0 9 9

藏于内心深处的软弱，正是让自己成长的根基。失败的滋味不好受。不想被训斥、害怕丢面子——这些细腻、敏感的心思，其实与认真勤勉的工作态度密不可分，也能慢慢使你变强大。所以，请不要把软弱和怯懦看成自己的弱点，把它们看作你的同伴吧。（野尻）

不要总是试图保护自己。

100

因为害怕、受伤而想要保护自己，那么你的世界会变得越来越狭小。避开自己不能理解的事物，逃离否定自己的人，最终你只能被困在自己的世界里。而在外面的世界，受伤就和呼吸一样理所当然。谁不是带着伤活着。受的伤越多，你的世界就越广阔。请不要试图保护自己，今天就向外踏出一步吧。（野尻）

不要忘记保持幽默。

保持对目标的热情。

变化即进化。

谁都喜欢快乐的人。

对金钱的执念，代表实力的不足。

自负无法培养专注。

总以“初次见面”的姿态示人。

越是艰难时刻，越要学会收力。

把自己当成商品。

从不失败的人，往往一事无成。

勇敢比优秀更可贵。

麻烦的事情中沉睡着珍宝。

100 个领导基本

100 个领导基本

不管是什么身份、处于什么地位，人皆有各自的烦恼和苦楚。

尽早认识到这一点，并用最坦诚的姿态，从全新的角度寻找解决问题的突破口。这是适用于一切工作的最初一步。

我的搭档野尻哲也先生曾这么对我说过。

无论是对公司里的同事，还是身边的任何人，他都能以平等的视角看待，以相同的面貌示人。让我不免有些感慨。

被他的亲和力触动之余，我不得不深思。我想哲也先生能对工作与生活保持这样的原则和姿态，是因为他把对他人的感恩看作自己存在的理由。这是属于他人生的“基本”。

在工作中，第一大烦恼想必就是人际关系。并且，越是占据高位的领导者，责任和承诺就越重，压力也更大，因而也最容易被人际关系上的问题困扰和拖累。

面对理不尽的人际关系，我们究竟该如何处理?

我想的是，把一切遭遇都看作一次次能从中学习、收获成长的机遇，并对此心怀感激。同时要意识到，自己每天的工作，离不开许多人无形中的支持，对此也要抱有感激之情。在这双重感激的心意下，真挚地面对眼前的每一个人，那么大体上人际问题都将不再是问题。

领导的基本，换言之，就是工作中的感谢之道。

对任何人、任何事，都能一如既往地报以感激之情，我相信这不仅是在工作中，也是在漫漫人生路上人际关系的“基本”原则，同时也是解决问题的关键。

献给作为领导者的你。

松浦弥太郎

把自己当成商品。

001

自己就是商品，这在一切工作中都适用。因为真正重要的是在兜售服务或产品前，先让对方信任你。所以领导者应该不断提升自己，特别是对于想要创业的人，不妨先把自身作为一项事业、一个社会角色去培育，进而商品化吧。（松浦）

确定『绝不碰』的准则。

002

在推进一项工作的过程中，必然会有很多机会甚至诱惑出现在你面前。正因如此，要叩问内心："对团队而言，什么是不能碰的？"明确底线非常重要。即便再赚钱，看上去再有意思，若违背了自己设定的"绝不碰"准则，就果断回绝。与团队明确和共享这些准则，你们就不会迷茫，不失初心。（松浦）

每天都是新起点。

003

随着年龄的增长，更要对保持年轻倾注心力。无论到什么年龄，请都保持“未完成”的心态，不断更新自己。对于工作，每天都是新的起点。所以，请每天都做一些新的尝试吧。任何时候开始，都为时不晚。（松浦）

愿景是自然涌现的。

0 0 4

愿景，是为了和团队共享一个理想而存在的。即便如此，也不必用漂亮的语言去夸饰它。因为愿景不是靠创造得来，而是对一件事日复一日深思熟虑后自然涌现的。最终你得到的，可能比你想象中的更朴素。但之于团队，那一定是不可撼动的愿景。（野尻）

学会介绍自己。

005

“自己的想法、目标、关注点分别是什么？”为了能以通俗易懂的语言阐述你的理念，请在平日里备好答案。无论在何时被问到想做的是什么，都能不假思索地作答，正是领导者应具备的素养。在任何场合介绍自己，都能清晰地表达自己的理念、信念抑或理想，既不冗长又不过分简洁，如此一来，相信你身边的伙伴也会不断增多。（松浦）

以未来为起点思考。

006

与其考虑此刻在这个社会上可行的成功方向，不妨从未来的视角展望人们的需求。如果只以自己现有的知识结构或常识为前提开展新的工作，那么你将永远无法成为主角。你需要描绘属于自己的未来蓝图，思考怎样才能当自己未来的主角。以未来为起点思考，才能从中诞生更具价值的商机。（野尻）

无论对谁，你都是有价值的存在。

007

无论是精英人士，还是坐拥巨额资产的大企业老板，都不能免于烦恼。请仔细倾听，试着以同理心和对方一起思考烦恼的来源吧。若挖到了问题的根源，不妨再试着提出你的解决方案。无论对方是谁，他一定有你可以帮上忙的地方。即便你是外行，也不必畏缩。正因为是白纸的状态，反而能为对方提供新的视角，带来价值。（野尻）

『问题意识』中产生磁场。

008

问题意识越强，越容易在生活的点滴中找到解决的提示。哪怕不是有意去寻找，必要的信息也会自动向你汇拢。能与你产生共鸣并提供帮助的人，也会逐渐聚集到你的身边。问题意识像是知性的吸铁石，会把你需要的东西拉向你。（野尻）

在『喜欢』的事上，
不存在辛苦。

009

艰难和不安，都是自己做出的选择。既然是因为自己喜欢才选择去做的事情，做起来就不会觉得辛苦。对于领导者，更是如此。毕竟你周围的人，都在参与着你所“喜欢”的事情。（野尻）

找对伙伴。

010

越是听上去很棒的想法，实现它越需要找对伙伴。既能结合双方的强项，也能做到分工明确；既能互相理解，也能产生共鸣；既能相互信任，也能彼此尊重。若找对了合作伙伴，就已向成功迈出了第一步。（松浦）

一开始便大胆
释放欲望。

011

最开始的时候，不妨大胆释放你的欲望，把想做的事情一一列出来。到了应付不过来的时候，你自然会开始削减“想做清单”中不必要的内容。加法与减法反复并行，想做的事情也会变得越来越简洁明了。没有谁从一开始就知道要点在哪儿。先大胆叠加，再不断削减，成熟而简洁的想法便能自然生成。（野尻）

感到轻松时，已在走下坡路。

012

“太吃力、太难了。”当你发现需要咬紧牙关时，其实正是在成长的路上攀登。反之，若感到赢得很轻松，那说明你已走在下坡路上。若没出一滴汗，则预示了成长的终结。越是汗流浃背的艰难时刻，越能成就飞速成长。请这样鼓舞自己吧。（野尻）

关注客户，而不是别人的成功案例。

013

流行，某种意义上也代表了即将终结。即便竞争对手在这方面取得了成功，也要自问：“这真的是我们发展的方向吗？”请不要为与自身理念无关的成功案例动心。对于你们而言，该关心的是眼前的客户。（野尻）

从不失败的人，往往一事无成。

014

所谓失败，正是“尝试了巨大挑战”的证明。换言之，从不失败的人，往往代表了一事无成。不要刻意避免失败，果断地接受挑战吧。如果最终失败了，去探讨和反思失败的原因吧。从失败中学习，再次发起挑战。如此反复就是成长。（松浦）

进两步退一步。

015

一切工作，都在各种人的存在下才能成立。如果单方面以自身的意见和计划突进，想必会招致无意义的纷争。所以才要尊重与自己想法不同的人。不要过于强势地步步逼近，进两步退一步的节奏或许更为合适。请始终不忘“您先请”的谦让礼仪。（松浦）

质疑数据。

016

对一个领导者而言，不可避免地需要根据数据来评判事物。但即便每一步都稳扎稳打，也请对数字保持怀疑的态度。因为哪怕是看上去十分客观的数据，本质上仍是经人工操作所得，其中隐含着制作数据的人的主观意识。想要看到数据增长的人，做出来的数据也会偏重于增长的那一部分。（野尻）

把过去的自己丢掉，
为未来的自己自豪。

017

我们不免会有被自尊心捆绑的时候，这往往是由于我们过于看重过去的自己。然而太执着于过去的自己，就不可能获得新生。所以请不要太执着于过去，而是努力创造一个让你自豪的未来的自己吧。把过去的自己丢掉，就能以坦诚的心态面对新的事物。（野尻）

未来总是值得期待。

018

感到疲惫时，对未来的设想，就能鼓舞你和你的伙伴。描述未来的蓝图时，任何人都会感到内心雀跃。即便为眼前的工作操劳忙碌，也请保持对未来的明媚想象。当内心倍感压力、缺少余裕时，就和伙伴们一起畅想未来吧。这不仅能鼓舞团队，也能成为最好的能量之源。（野尻）

不计较得失。

019

想要精于赚钱之道，不肯吃亏，这种对得失的计较会让你产生一些无谓的小心思，并最终暴露在自身言行中，很容易被看穿。所以，生意场上，请不要太过算计，更重要的是时刻带着真挚的诚意为对方考虑。（野尻）

拥有一技之长。

020

一技之长是真实的实力。拥有一技之长，那么在任何情况下你都不愁养活自己。而始终拥有挣钱的能力，就能消解对钱的执念，专注于自己真正想做的事。与其左顾右盼，请首先为能掌握一技之长而努力吧。（野尻）

构筑可依赖的关系。

021

紧要关头，如果有无论在精神层面还是在金钱方面，都能无条件给予你支持的人，势必会给你带来勇气，也能让你在面对大挑战时充满干劲。这样的存在，就好比在你遇到千载难逢的机会时能助你一臂之力，或是在你孤身一人面对艰巨的挑战时能从背后及时推你一把的人。哪怕你最终没有去请求对方的帮助，内心知道有可以依靠的人存在，也能拓宽你的事业。（松浦）

切勿一意孤行。

022

工作中也有需要收力的时候，停下来检查自己的工作方式，有没有一意孤行、刚愎自用？对工作的热爱让我们“一心一意”地投入，但也需要注意这种做法有没有反过来助长你的任性？一旦过于投入，任何人都会渐渐地开始无视周围，变得刚愎自用。然而不忘关怀身边的人，恰是一个领导者的工作。有时候，放慢脚步也是必要的。（松浦）

『不决定』
也是一种决定。

023

左思右想仍然犹豫不决时，请记住“不决定”也是你的一个选项。在时间和事态的压迫下勉强做出决定，往往是不可取的。因为这样做往往出自一种“不想再被烦扰，想早点解脱”的心态，做出的决定也未经深思熟虑。走投无路时做出的草率决定，往往容易适得其反。（野尻）

学会等待。

024

当遇到糟糕的局面时，慌忙地应对往往并非良策，不妨先平心静气地等待。有时候在等待中反而会出现转机，敲开紧闭的大门。因为局面不会永远如此，事态注定会发生变化。如果感到情况不妙，就请先与危险保持距离，静静等待出现变化的征兆吧。对目标明确的人而言，静静等待反而是很难的，但有时候，就应该这样做。（野尻）

在日常生活中寻找大发明。

025

纽扣与纽孔对每个人都不陌生，但究竟是谁把原本作为装饰品的纽扣发明为服饰的零部件，就不甚明了了。想必是从日常生活中得来的灵感。那么在现代社会，“如纽扣和纽孔般的发明”是什么呢？“如果没有它就麻烦了”——在习以为常的生活中发掘灵感。请努力寻找在这个时代中新颖的大发明吧。（松浦）

管理，就是对他人投注爱意。

026

优秀的领导者，都拥有“爱他人”的能力。平日对团队成员的鞭策和训责，都由爱意而生。优先考虑伙伴，把自己置于最后的人，才能组织起一个强大的团队。哪怕能力再怎么优秀突出，只爱惜自身的人，不适合当领导者。所谓管理，是建立在对他人投注的爱意上的。（野尻）

主动工作的人才是伙伴。

027

优秀的人都有共同之处，那就是做一件事不需要动机触发。即便职业经历再丰富，若得不到鼓励和赞美就没有干劲的人，不可能有成就。真正优秀的人能自己找到目标。哪怕放任自流，也会很认真地做事。比起职业经历丰富的人，不妨找那些能立刻主动地投入工作的人。这样的人才是能与你共事的伙伴。（野尻）

打造一个
主动奔跑的团队。

028

领导者设定目标，由上而下地发号施令，鞭策团队前进，虽然这样的团队能做出成绩，但无论如何也无法和成员能自主决定目标、主动奔跑的团队相媲美。因为被鞭策前行的团队遇到困难就会寻找偷懒的方法；而主动奔跑的团队，每一个成员都会想办法发挥自己的最大潜能来渡过难关。不妨信赖成员，培养一个愿意主动奔跑的团队。（野尻）

营造能让人放松的职场氛围。

029

人在放松的时候，才能充分发挥自己的能力。面对工作过度紧绷或是过于注重形式，都无法提高生产力。作为领导者，请营造一个能让成员静下心工作的氛围吧。如果大家都能以自由的心态面对工作，并且对任何伙伴都能畅所欲言，想必创意会在团队中不断地诞生。（野尻）

着眼于设计未来。

030

为了理解事物的本质，第一步是去了解事物的原点或者说起点为何。弄清了原点（或起点）后，请试着思考其未来应该发展的方向。对于工作而言，时常思考原点与未来之间的联系很重要。领导者的职责，也在于创造未来的图景，设计前行的路径。（松浦）

把不能相互理解当作沟通的前提。

031

这个世界上只存在两种人，就是“自我”和“他人”。亲友、夫妇、家人，再亲近的存在，也不可能做到完全理解彼此。工作上的人际交往就更不用说了。也正因如此，才需要我们耐心地传达，并认真听取对方的观点。自以为“对方理解我说的”，正是造成误会的原因。反之，若把不能互相理解当作前提，就会注意采取温和融通的传达方式。（野尻）

坦诚地回复。

032

一个人有没有领导的才能，可以通过与他人接触时是否坦诚看出来。面对来自团队成员或客户的提问，即便是简单的小问题，都不应该敷衍了事。确保回复的正确性自不用说，但也请你不忘保持坦诚。（松浦）

思考对方为何提问。

033

收到对方的问题时，请把思考对方为何提问作为一种习惯。对问题的成因做各种设想，慢慢就能明白该如何与对方交流。找到了对方提问背后的期待，既能进一步了解对方，也更容易找到最妥帖的回复。（松浦）

与对方共同思考。

034

当有人找你商议、征询你的意见时，立刻作答并不是最优的做法。首先应该站在对方的立场上进行思考。在做出最终判断之前，听取对方的想法很重要。若忽略了对问题成因的探讨，最终会在对方内心留下疙瘩。这样一来，即便答案显而易见，也并不能真正解决对方的困扰。（松浦）

明白传授的本质。

0 3 5

假设一个人的力量为1，那么当你传授给两个人时，就能实现成倍的运转。请把自己拥有的技能和知识传授给团队，让每个人都能掌握。为此，请成为一个善于传授的领导者吧。不是依靠命令或指示，而是要让成员发自内心感到“这真是一件很棒也很重要的事啊”。这才是“传授”的本质。带着耐心和爱意传授，就能让整个团队共同成长。（松浦）

用有趣的方式传授。

036

在传授一个方法或技能时，若只追求精确性，不免像说明书一样枯燥。若只是通俗易懂地讲述，也很容易被对方遗忘。请找到一种让对方内心感到“真有意思”的讲述方式吧。像在面对众人演讲一样，在充满魅力、有趣的传授方式上下功夫吧。（松浦）

不满的情绪，
各有各的原因。

037

哪怕是听上去相似的抱怨，也一定存在相异的状况。因此，听到不满时，请不要轻率地下结论，而是细致地去了解对方是什么样的人，在什么样的背景下产生了不满。把每一个不满的声音都作为个案看待，请不带偏见地聆听。若能真诚地直面对方的情绪，或许只靠聆听就可解决很多问题。（野尻）

即便出于善意，
言行也需谨慎。

038

有时出于善意的一番话，可能会引起对方的误解，甚至招来不悦和怒火。原因很简单：你们之间还未建立足够的信任。因此，惊讶于对方的反应之前，先考虑如何获取对方的信任吧。反之，对于未充分建立信任关系的对象，哪怕出于善意，言行上也应保持谨慎。所谓的职权骚扰，往往就是在这种情况下发生的。（野尻）

多开小会。

039

在业务工作的间隙抽出时间，带领大家开一个“小型会议”吧。不需要会议室，哪怕只是站着，或者喝咖啡的时间也无妨，因为重要的是面对面地交流。若能如此保持及时而细致的沟通，那么团队中偶尔出现的小摩擦，也能自然地解决。（松浦）

学会简洁地概括问题。

040

领导者应该时刻留意团队目前面临的是问题还是任务。因为工作中，我们往往容易被细小的任务牵着走而忽视了重要的大问题。作为领导者，首先应该确认“根本的问题是什么”，并能简洁易懂地为成员进行概括，让大家达成共识。通过反复地确认面对的是什么，就不会迷失道路。（松浦）

客观看待成员的争论。

041

激烈的讨论固然重要，但领导者不该过于投入其中。不感情用事，不受措辞强硬之人的牵制，不以个人喜好做判断，不被环境左右——客观地看待成员的争论，才是领导者应具备的素养。从高空俯瞰成员争论则显疏远，从树上观望的距离就刚刚好，能随时下来，履行领导者的职责。（松浦）

创造每个人都能畅所欲言的环境。

042

不管你的小点子多么微不足道，甚至有些羞于开口，也不要犹豫，与大家分享自己的想法。这就是最强团队应具备的素质。每个人都大胆表述自己的想法，然后大家就此认真地展开讨论，便会让想法化小为大、化零为整。创造一个所有人都能随时且自由地发表观点的工作环境，就是在培养一个创意无限的团队。(松浦)

将枯燥的杂务化为有趣的工作。

043

没有谁不喜欢让人愉悦的工作，但这只可能是整体业务的一部分。一个组织中，不可避免地存在各种日常琐碎的杂务。领导者的本事，就在于能化枯燥的杂务为有魅力的工作。寻找好的方法，对成果进行鼓励和评价。让大家以向前看的积极态度对待杂务，而不是让大家相互推诿地“踢皮球”。（野尻）

『理解』这件事，存在时差。

044

想到了一个好点子，不妨多和他人交流。哪怕只有一个人能理解你，也足矣。先大胆尝试吧，但不要指望所有人都能理解你。“理解”这件事，存在时差。所以，即便被置之不理，最终理解你的人也会不断跟上来。（野尻）

只要目标明确就好。

045

请务必反复确认团队在朝哪个方向行进。一旦目标明确，哪怕路径不同，最终还是会抵达同一个终点。反而不应该在过程中对推进工作的方式干涉太多。至于达成目标的路径，请让团队里的每个人自己做主。队员自身思考越多，烦恼越多，也就成长越快。（野尻）

公平评价每位成员。

046

评价团队里的每一个人时，请保持公正。虽然打分在所难免，但基本上，每个人都是不可或缺的存在——请以这样的眼光看待每个团队成员。所有的评价都应该是正面的。不以个人喜好，而是综合对方的品性做客观评价。公正、客观地评价每一个成员，是作为领导者的基本姿态。（松浦）

优先考察
意愿是否强烈。

047

靠自身的力量做成一件事需要强烈的意愿。强烈的意愿，是在应聘时最值得信赖的评价标准。面对工作时，能不受干扰地以纯粹的心态忘我投入的人，会把所有的事情看作“分内事”。这样的人哪怕经验不足，只要意愿强烈，想必也能很快追赶上前辈们吧。看人，应先看对方的意愿是否强烈。（野尻）

给予成员能力所及的挑战。

048

318　319

作为领导者，谁都希望为团队增添优秀人才，但显然，想要所有人都是顶尖人才，这不现实。期待是另一码事。若你给出的任务、报酬超出成员的能力范围，则无异于一种压迫。因此，你不妨暂且把期待成员成长的心情放一边，在与对方能力相匹配的范围内，给予他能胜任的挑战。（野尻）

珍惜爱抱怨的人。

049

有些人习惯对所有的事情都抱怨。这样的人不免会让你觉得有些麻烦。但抱怨本身就具有价值。不妨仔细倾听和深挖抱怨的根源。你会发现对方可能是个见解独到或拥有超常热情的人。在良好的契机或合作伙伴的助力下，抱怨说不定能转变为一种新的力量。（野尻）

寻觅盲点。

050

每天头脑风暴时，应该与朋友共享自己找到的盲点。不管什么事情，不管在什么地点、时间，面对什么样的人，都一定能找到盲点。譬如房间里没被打扫到的一个角落，或是吸尘器的隐藏功能等，但凡意识到“这样做能更好”时，就去落实。带领大家共同发现盲点并予以弥补，就是领导者的工作。（松浦）

善于休息，
就是善于工作。

创业并不轻松，但让自己休息也是作为领导者的义务。过去所推崇的“废寝忘食”的作风，绝无美德可言。靠废寝忘食获得成功的人，之后也不得不依赖消耗自己来维系成功。有创意的想法、与伙伴良好的沟通都离不开健全的身心。优秀的领导者，不仅善于工作，也懂得如何休息。（野尻）

绝望时，先从能做的事情着手。

052

我们难免会有万事不顺、停滞不前的时候。一直以来的努力显得毫无意义，失去一切希望——这种感受无疑是痛苦的。你若想要从绝望的深渊中跳出，瞬间恢复元气，往往会适得其反。当你感到绝望的时候，不要被绝望吓倒，先考虑当下自己能做的事情吧。别贪心，从眼前的小事着手。眼前的每一件小事，都会影响你的未来。（野尻）

弱者之强大，
强者之弱小。

053

对于社会、公司、团队伙伴，不能单纯以“强大”和“弱小”来区分。被置于弱者位置的人心底密藏的强韧，以及看似无敌的强者内心怀抱的一丝脆弱，都很真实。请学着颠倒过来看待“弱者的强大，强者的弱小”。只有对对方观察得足够深入、透彻，才知道自己真正能为对方提供什么。（松浦）

竖起能接收他人痛苦的触角。

0 5 4

每个人都有各自的烦恼，哪怕是那些看起来充满干劲的人也不例外。因为不是谁都会把困惑和悲伤示于人前。请竖起能接收到他人的软弱、倦怠、痛苦的触角吧。无论面对多么严苛的工作，都不应该忽视关怀和温柔。领导者更是如此。（松浦）

批评要简短，赞美要充分。

055

批评时，请尽可能干脆利落。哪怕对方是初出茅庐的年轻人，批评时也请照顾对方的感受。并且在事后，就对方的优点好好赞扬一番。若对方是缺乏自信的年轻人，请不要吝啬赞美之词，给对方以鼓励，告诉他“绝对没问题的”。（松浦）

待客、产出与创造。

056

无论做什么工作，都请不要遗忘人的存在，也即“待客”。每天都要有可见的产出，不要“消耗”，而是有“产出”的意识。另外，为了做得更好、带来更多惊喜，每天都能制造一点新的发明并为此行动。作为领导者，应该向伙伴明确每天需要做的事情。（松浦）

带领大家一起航行。

057

即便认为“我是领导者，我应该带着大家向前进”，随着工作规模的不断扩大，这种关系也会转化。当大家开始自发地向前，领导者的工作便转为支持和辅助。给予团队充分信任的同时，也不忘及时跟进。作为领导者，你所掌舵的不该是一个只能容纳自己的小帆船，而是一艘航行在大海上的、能让大家协同合作的大船。与大家一起航行吧。（松浦）

好的领导者，
不经营。

058

团队的每个人都能朝着目标自行进发，你作为领导者，反而不需要经营，这便是经营的终极目的。若领导者在现场指手画脚，现场的人员不可能成长。依赖领导者的团队，只能在领导者能力所及的范围发展。真正好的领导者，考虑的是如何在经营上弱化自己的角色。（野尻）

拥有胆怯并乐观的矛盾品质。

作为领导者，要像大草原上的斑马一样警觉，率先察觉到危机——胆怯是领导者重要的品质。另一方面，即便脚踩在摇晃不稳的桥上，领导者也要能够保持镇定，面露微笑——异于常人的乐观亦不可或缺。胆怯与乐观，请让自己兼具这两种相互矛盾的品质。（野尻）

怒气毫无意义。

060

谁都不可能没有怒气，但愤怒的情绪总是一时的，不会长久。因此不如说，愤怒是认输的表现。被最终会消失的情绪左右，影响自己对道路的选择，或是以此评判他人，都毫无意义。(野尻)

将获取理解作为每日功课。

061

做一位能被团队充分理解的领导者吧。为此，必要的不是要求别人理解自己，而是为了被他人理解自身做出努力。每天都请从自身开始，把自己的兴趣、面临的课题、追求的目标、怀抱的不安，与团队分享。无关地位或立场，请和各式各样的人聊聊你自己，践行让他人理解自己的努力吧。（松浦）

每天检查面容。

062

每天仔细观察自己的面容，也是重要的修养之一。请细细检查皮肤是不是干净、面色是否健康、有没有浮肿。若有不够理想的情况，请在饮食、工作方式、生活习惯等方面找原因并加以改善。与人会面也是你的工作之一，因此，时刻检查自己的面容、保持整洁非常重要。（松浦）

保持作为社会人的礼貌。

063

作为社会人，请保持礼貌、懂得礼仪。不仅在公司里，离开工作岗位，身处公交车、餐厅等公共场合时，也应该留意自身的仪态和举止。他人对你个人的正面评价，会成为对你的公司、伙伴和工作强有力的支持。（松浦）

自己做不到的事，
不去强求部下。

064

自己做不出结果的事情，不可以强求部下。因为这不属于对部下的期待，而是作为领导者的一种不负责任。把自己的软弱、无为强加给下属，最终会让整个团队分崩离析。越是困难的工作，领导者越应该率先垂范，这样部下才能从中学到东西。(野尻)

每天都是第一天。

065

无论什么日子，请都以“今天是第一天”的心情开始工作。越是经验老到，越要找回新人身上那种新鲜感。哪怕昨天想到了无与伦比的点子，也已成为过去。今天应重新审视它，并创造新想法。请这样坚持每天更新自己吧。把“每天都是第一天”立为宗旨。（松浦）

不以市场调查，
而以信念来确立行动。

066

有没有市场需求，不采取实际行动，不会知道。所谓畅销的原因，不可能凭借寻找获得。有些人倾向通过事前做市场调查，拥有“成功的把握”，然后再付诸行动，这不过是不采取行动的借口罢了。重要的不是调查，而是自己是否相信自己所做之事的价值。信念才是最需要被重视的行动的理由。（野尻）

重大的决断，一个人完成。

067

在做重大决断时，谁都会踌躇，但这时能依赖的只有自己。寻求他人的建议只会加深你的踌躇。不妨想象一下，若因听凭他人的意见而最终失败，你该多么后悔莫及。只要不固执于结果，定能自己抉择。无论什么结果，都是自身实力的诚实写照。因此，唯有自己决定，并坦然接受结果。（野尻）

在事业开始时
选择顺势而为。

068

开始新事业时，首先思考什么？所谓商业，就像是驾驶游艇在大海上航行。能够与不断扩大的市场为伴非常重要。只要你选择的市场跟随大方向，即便有点受挫，也能很快一笔勾销。因此，请在一开始就认清即将开始的挑战是否在顺风的环境下。（野尻）

创造不会减损
且不可或缺之物。

069

无论金钱还是物质，都会越用越少，最终被耗尽。一制作出来就被消费掉，这样的循环未免有些无趣。在未来的时代里你该创造的，应该是不会减损也不会消失的东西。不仅如此，新生的事物还会自发地增长。在未来的时代里，请多思考并创造不可替代的事物吧。（松浦）

正因为是外行，
才能创造商机。

070

在这个世界浸润久了，很容易对不合理、矛盾的事情麻木，把它们想成理所当然的存在。阅历越深厚，越容易丧失对问题的敏锐观察。但哪怕对行家来说是常识，对外行而言完全可能是非常态的，这就可以创造出所谓的商机。大部分创新，都是由外行缔造的。（野尻）

试着将两个想法结合。

071

单独孤立的一个想法，或许很羸弱，也可能已经存在于这个世界上了；但将两个想法结合，便能产生新的方法。不是只考虑“做出好吃的咖喱”，而是类似将“咖喱”与“面包”结合进而发明“咖喱面包”这样的方式。请试着将两个想法结合吧。（松浦）

巧思、提案与自我否定。

072

始终实践巧思，并通过提案使之具体化。这便是让创意层出不穷的秘诀，但偶尔也别忘记自我否定。当巧思与提案的火苗渐微，请试着思考：“这样真的能行吗？会不会有更好的方法？”让自我否定的气息强劲地吹拂，如此一来，火焰会再次旺盛，使想法复苏。（松浦）

留下的只会是真东西。

073

因为流行具有压倒性的力量，所以才会让人着迷。由于能在短时间内使数据惊人地增长，不免让人跃跃欲试，想在自己的工作中也掺入流行元素，但那很快就会被淘汰。能被广为流传、能长久存在的，只有存在本质需求的东西。可有可无的流行之物，远远观赏就好。（野尻）

任何铜墙铁壁，
都必定存在突破口。

074

即便在工作或人际关系中碰壁，那道屏障往往也是人为的。与天灾不同，但凡人的行为，必然会有漏洞，也定会存在突破口。面对地位远高于自己的势力，或是找不到取胜的法宝时，请记住这一点吧。

“再怎么强硬，对方也是人。必然有突破口。”(野尻)

负面意见是珍宝。

075

对于自己的想法和行动，必然会有人发出批判的声音或持反对意见。想要压制负面意见、无视消极的反馈是人之常情，但是，批判的声音中往往有如何改善的提示，提出反对意见的人总能敏锐地洞悉事物的本质。溢美之词虽然谁都爱听，但真正有价值的往往是负面的意见。正如老话所言："良药苦口。"越是"苦"的言辞，对工作越有帮助。（松浦）

做自己最任性的客户。

076

对于自己经手的工作，反而要做最任性的客户。要以一个对细节挑剔、爱抱怨的客户的心态，检视自己的工作。即便是现实中的客户不容易察觉的小细节，自己——这位任性的客户——也要察觉到。如此，你才能在错误被大家发现之前及时修正，也才能为真正的客户提供更好的服务。(松浦)

首先考虑对方所得。

077

把自己的得失置后的人，才是真正的领导者。无论对团队里的伙伴、合作方还是客户，请都始终带着“我做这项工作，能让对方得到什么”的意识，并努力实现吧。若是一起开会，不妨思考“今天要让对方带回去什么”；若是开展合作，就想一想“能发挥对方优势、让对方成长的项目是什么”，诸如此类。（松浦）

正因匮乏，
才能成长。

078

能不断成长的组织，与工作量相比，人手、资金总是不充足。在有限的资源内完成工作，为了弥补不足，反而能激发新的智慧。而草率地招募人手、筹集资金，往往是无谋之举。请记住，匮乏正是成长的原动力。（野尻）

答案就在现场。

079

若要寻找解决问题的线索，最有效的方法是亲临现场。身处销售或生产第一线的人，每天都直面各种问题，也每天都在切实地思考如何解决这些问题。所谓现场，更像是“现在、当场存在的问题”的缩略语。一旦由于地位提升而远离了现场，也就同时远离了问题本身。而亲临现场，是与邀请外面的专家们相比，更能学到东西的办法。(野尻)

不是传达信息，
而是传递情感。

080

无论资讯多么发达，“被感动”是只有自己才能体验的一手资讯，因而无比珍贵。正因如此，要做的不是发布从外部搜集来的信息，而是让自身不断去体验、收获感动，然后将情感传递出去。不妨把自己当成一种媒介，将“传递情感”作为一种基本准则去实践吧。（松浦）

享受分享的乐趣。

081

所谓工作，就是去帮助有需要的人。为此，我们创造价值，并与无数的人分享。正因如此，对方的满意程度非常重要。请享受你创造的价值，并同样快乐地分享出去吧。让对方在接受这份价值的同时，也能感受到你身上鲜活的快乐。因为人们都愿意靠近那些乐在其中、享受所做之事的人。（松浦）

传达的原则是
『开端、中间、结尾』。

082

传达的基本原则是明确开端、中间、结尾这三个部分。只要自己整理清楚这三个部分，那么任何对话都能做到清楚传达。根据不同对象，调整这三者的顺序也未尝不可。比如对年轻人，从“开端”说起，把基本准则细致地说明，让对方理解透彻。对于平时忙碌的人，不妨从“结尾”的结论起头，以期加深印象来获得理解。请根据不同对象来调整你叙述的方式，为此下功夫吧。（松浦）

保持自由。

人人都追求自由，思考“何为自由”这件事很重要。随心所欲、心想事成并非真正的自由。所谓自由，是无所畏惧。同时，自由也是拥有良知。在工作上保持自由，就是你的原动力。（松浦）

正因为是领导者，
才有资格失败。

084

身为领导者的好处是什么？那就是有资格失败。对结果负有最终责任，同时也意味着拥有被原谅的权利。既然即便失败也可以对自己网开一面，那么当遭遇特别严重的情况时，请勇于承担责任。作为领导者，请利用好可以失败的特权，勇敢地尝试更多挑战吧。（野尻）

市场营销注重独立思考、主动忧虑。

085

通过分析数据、花钱推广来增加曝光度，是市场营销的基本技能。因为谁都能做到，所以效果甚微。不一味地诉诸理论，而是首先认真考虑顾客的需求吧。做到比谁都了解你的产品，洞悉客人们真正的需求，再发现商品真正的价值，才是最好的市场营销。（野尻）

推进工作时，不就地取材。

086

在工作中考虑效率、节约成本时，有没有就地取材，不得已为之？哪怕因此节省了经费，也无法产出高质量的成果。因此，推进工作时绝对不要图方便。在吝惜必要的金钱、时间、人才时，请务必慎重。（松浦）

不是小气，
而是谨慎用钱。

0 8 7

钱很重要，当然应该珍惜着花。但“珍惜着花”，不是变得小气，而是在花钱上更严苛。每支出一笔都要严肃地拷问自己：“这笔钱能让他人幸福吗”“能产生高质量的文化内容吗”。如果答案是否定的，那就重新思考。如果答案是肯定的，就不要吝惜金钱的投入。（松浦）

创造让人自然聚集的构想。

088

对于团队的工作，你创造的构想要有吸引力。这正是一件工作最终是变成事业，还是只单纯以一个项目收尾的区别。请去创造能让人们自然聚集到你这里，而非需要你去召集人的构想吧。（松浦）

联结不同的人。

400　401

请把不同的人联结起来，创造新的人际网络吧，哪怕自己无法直接获益。若觉得“这两个人如果碰到一起，一定很有意思”，就去推进，为他们的相遇制造机会吧。我们自身何尝不是这样与他人相识、收获新的工作机遇，然后迎来人生的高光时刻？在我们需要时伸出援手的，一定是某个与我们有牵连的人。联结他人，又被他人联结，以此去创造你的人际网络。（松浦）

提供金钱，
不如提供机会。

090

对一个公司来说，员工本身就是资产。加薪、提高福利奖金，或是提供培训、学习机会，这些在员工身上的投资必不可少。但让人有些意外的是，若只有金钱上的投资，反而并不能真正激励员工，使其提升。比起金钱，机会更能成为成长的养分。没有处理过的资金预算、没有尝试过的交涉谈判、平时没有机会结识的人——公司应该毫不吝啬地将那些无法依靠个人能力拥有的机会提供给员工。（野尻）

站在需要帮助的那一方。

0 9 1

始终不要忘记让自己站在需要帮助的那一方去生活和思考。因为这世上包括自己在内的所有人，无一例外都有各自的烦恼。即便程度不同，每个人都拥有弱点、带着困扰、经历忍耐或怀抱着不安。请将大家的弱点当作“分内之事”去思考，如此一来，你就会明晰此刻应该去做什么。（松浦）

不嚼舌根。

092

若想要不论男女，被各种人喜欢，条件只有一个：不嚼舌根。想要获得信赖，“口风紧”同样是很重要的品质。总喜欢多嘴一句的人，往往不讨好。就像关系亲密的朋友之间也需要客气礼貌，越是和对方走得近，越要注意自己的言辞。不管被问到什么，都请保持分寸感。（松浦）

为烦恼、迷茫时
设置好『出口』。

093

烦恼与迷茫，虽然都反映了内心的动摇，但两者有着本质的区别。所谓烦恼，表示找不到答案的状态。一旦想清楚事情从根本上就无法解决，并决定不再为此烦恼，那么便是有了“出口”。而迷茫，则表示有多项选择却无法决定的状态。如果你感到迷茫，请为拥有多项选择而庆幸吧。如果仍然举棋不定，不妨把它们想成都是类似的选项，果断做出决定，迎向出口吧。（野尻）

成果出来之后，
才是工作开始之时。

094

成果出来之后，请养成复盘的习惯。无论什么工作，都不是做完就结束了。做完之后，才是工作开始之时。正是通过完成之后的持续改进，才能让工作质量不断提高，从而获得自身的成长。对于完成的工作，请不忘质疑“这样就行了吗”，对待工作不要消极怠慢。（松浦）

越强大，
越不显山露水。

095

当能力提升、经验丰富和成果显著之后，自身的存在感也会跟着增强。然而，越是感到一切都顺风顺水，越容易发生意想不到的反转。无论你认为自己多么成功，也一定会有人不以为然，这是世间常识。因此，越是感到一帆风顺之时，越要谦虚谨慎行事。（野尻）

输就是赢。

096

与领导者相匹配的行事准则，是胜负兼有。请在尊重、接纳对方的基础上，达成自己的目标。追求“全胜”的工作方式，总是缺少平衡。另一方面，一定有失败的人在背后默默流泪。让人在背后哭泣的胜利，不管多么了不起，很快就会崩塌，非常脆弱。请学会在失败中得胜，找到真正属于自己的胜利之道吧。（松浦）

逆境才是正式开场。

097

被人暗算、落入圈套、遭遇突发事故——遇到这些情况才是动真格的时候，而这之前，至多只能算是热身。遇到困难才算起步，具体来说，被对方拒绝的那一刻，才是正式开始。请沉着冷静并保持自信，直面“逆境”这一正式的开场吧。（松浦）

把眼光放远，
才能解决问题。

098

工作中遇到问题时，不妨暂时休息一下，或是去做一些你感兴趣的事，享受其中的乐趣，重新调整自己。但是请记住，工作中的问题，只要不解决，就会一直困扰你。这种时候，请把眼光放远，参与到规模更大的项目中。因为一旦有了大的成果，小问题就会自然消解。想必那时已经登上新台阶的你，回过头看曾经的烦恼，会觉得不足挂齿。（野尻）

哪怕只剩自己，
也绝不逃避。

099

“哪怕只剩下自己，也要坚持到底”的觉悟，以及“绝不放弃”的心态，作为领导者，请把这两点悄悄藏于心底，因为并无展示于人前的必要。确认时，检查自己的内心即可。不懈怠，亦无须恐惧，请抱持“绝不从这个项目上逃避”的心态工作吧。（松浦）

不逃避，
而是充分享受。

100

“想放弃了。”作为领导者，你常会带着这样负面的情绪面对苦难。因为领导者的责任重大，也无法逃避，所以你不仅要回应客户的期待、维护与合作伙伴的信赖关系，还要关照团队伙伴的成长。要想持续维系这些，绝不是轻而易举之事。但是既然无法逃避，不如抛去所有的负面情绪，把苦难当成学习的机会，这样才能充分享受过程。（松浦）

打造你的 100 个基本

001

002

003

004

005

006

007

008

009

010

011

012

013

014

015

016

017

018

019

020

021

022

023

024

025

026

027

028

029

030

031

032

033

034

035

036

037

038

039

040

041

042

043

044

045

046

047

048

049

050

051

052

053

054

055

056

057

058

059

060

061

062

063

064

065

066

067

068

069

070

071

072

073

074

075

076

077

078

079

080

081

082

083

084

085

086

087

088

089

090

091

092

093

094

095

096

097

098

099

100

图书在版编目（CIP）数据

100个工作基本 /（日）松浦弥太郎，（日）野尻哲也著；张逸雯译. --北京：中信出版社，2020.6（2023.4 重印）
ISBN 978-7-5217-1186-8

Ⅰ. ①1… Ⅱ. ①松… ②野… ③张… Ⅲ. ①工作方法—基本知识 Ⅳ. ①B026

中国版本图书馆CIP数据核字（2019）第232871号

100个工作基本

著　　者：[日]松浦弥太郎　[日]野尻哲也
译　　者：张逸雯
出版发行：中信出版集团股份有限公司
　　　　　（北京市朝阳区东三环北路 27 号嘉铭中心　邮编　100020）
承 印 者：河北鹏润印刷有限公司

开　　本：787mm×1092mm　1/32　　印　　张：13.75　　字　　数：52千字
版　　次：2020年6月第1版　　印　　次：2023年4月第7次印刷
京权图字：01-2019-3290
书　　号：ISBN 978-7-5217-1186-8
定　　价：59.00元